ANÁLISE DO LIVRO

Phaedra

• • • • • • • • • • • • • • • • •

JEAN RACINE

ANÁLISE DO LIVRO

Escrito por Claire Cornillon
Traduzido por Alva Silva

Phaedra

Jean Racine

JEAN RACINE

DRAMATURGO FRANCÊS

- **Nascido em La Ferté-Milon em 1639**
- **Morreu em Paris em 1699**
- **Obras notáveis:**
  - *Andromaque* (1667), tragédia
  - *Britannicus* (1669), tragédia
  - *Bérénice* (1670), tragédia

Jean Racine (1639-1699) foi o principal representante da tragédia clássica do século 17, tal como Molière (1622-1637) é da comédia. Após uma educação avançada na Abadia de Port-Royal, instalou-se em Paris onde, a partir de 1663, foi admitido na corte de Luís XIV e liderou uma brilhante carreira como dramaturgo. Recordado sobretudo pelas suas tragédias, escreveu onze delas. Estas tragédias, escritas num estilo poético, mas simples, inspiraram-se na mitologia grega (*Andromaque*), na história romana (*Britannicus*) ou na história cristã (*Athalie*) e exploraram as paixões humanas.

PHAEDRA

REESCREVER UM ANTIGO MITO

- **Género:** peça de teatro (tragédia)
- **Edição de referência:** Racine, J-B. (2008) *Phaedra*. [Online]. Trans. Boswell, R.B. [Acesso em 27 de setembro de 2016]. Disponível a partir de: <http://www.gutenberg.org/files/1977/1977-h/1977-h.htm>
- **Primeira edição:** 1677
- **Temas:** paixão, suicídio, ordem, transgressão

Phaedra é uma das peças mais famosas de Racine e foi representada pela primeira vez em 1677. Esta tragédia de cinco atos foi originalmente escrita em verso, embora esta característica não tenha sido retida na tradução inglesa, e retrata o amor incestuoso da personagem homónima, Phaedra, pelo filho do seu marido, Hipólito. Esta personagem da mitologia grega é uma heroína trágica porque é governada pelas suas paixões culpadas e, portanto, causa a desgraça de todos os que a rodeiam, incluindo Hipólito. No final, ela mata-se a si própria.

RESUMO

LEI I

O cenário está situado em Troezen, uma cidade do Peloponeso. Ninguém sabe se Theseus, o Rei de Atenas, ainda está vivo. Hipólito, o seu filho, decide ir à sua procura. Além disso, Phaedra, a mulher de Theseus, parece odiá-lo e ele deseja deixar Troezen. Ele explica ao seu governador, Theramenes, que: "Esse tempo feliz / Desapareceu, e tudo mudou, pois para estas costas / Os deuses enviaram Phaedra" (Cena 1). Hipólito está apaixonado por Aricia, a irmã dos inimigos de Theseus. Ele afirma: "Por ordem severa do meu pai / O sangue dos seus irmãos não deve ser reforçado / Pelos filhos dela" (Cena 1).

Phaedra está a morrer. Oenone, a sua enfermeira e confidente, pergunta-se do que é que ela está a sofrer. Phaedra confessa-lhe que nutre um amor incestuoso por Hipólito, o filho do seu marido. Ela diz que a primeira vez que o viu, "olhei, alternadamente pálido e corado / Para o ver, e a minha alma ficou toda perturbada" (Cena 3).

A morte de Theseus é anunciada, e Oenone aconselha Phaedra a sucumbir aos seus sentimentos, pois ela é agora viúva: "A morte do Rei libertou-te dos laços / Que fizeram o crime e o horror do teu amor" (Cena 5).

LEI II

Hipólito revela a Aricia que é livre e confessa o seu amor por ela. Phaedra deseja falar com Hipólito e acaba por lhe dizer que o ama: "Eu amo". Mas não penses / Que no momento em que mais te amo / não sinto a minha culpa" (Cena 5). Embora ela parecesse odiá-lo, isto foi apenas porque o amava: "'Não foi suficiente para eu voar, eu persegui-te / Para fora do país, desejando aparecer / Desumano, odioso; para te resistir melhor, / Procurei fazer-te odiar-me" (Cena 5).

Theramenes anuncia a Hipólito que o filho de Phaedra é o novo rei. No entanto, correm rumores de que Theseus está vivo. Hipólito deseja saber mais.

LEI III

Oenone anuncia a Phaedra que Theseus está viva e aconse-lha-a a acusar Hippolytus de a amar, a fim de contrariar qual-quer acusação que ele possa fazer contra ela: "Aventura em acusá-lo primeiro, / Como culpado da acusação que ele possa trazer / Este dia contra si" (Cena 3).

Estes retornos. Hipólito quer deixar Troezen para provar o seu valor.

LEI IV

Oenone diz a Theseus que Hippolytus estava apaixonado por Phaedra. Theseus, na sua ira, apela a Netuno e pede-lhe que castigue o seu filho: "Vinga um pai miserável! / Deixo este traidor à tua ira; em sangue" (Cena 2). Hipólito defende a si próprio confessando o seu amor por Aricia, mas o seu pai não acredita nele.

Phaedra vem defender Hipólito e Theseus diz-lhe então que diz estar apaixonado por Aricia.

Phaedra exclama: "Vós, deuses, quando, surdos a todos os meus suspiros e lágrimas, / Ele armou o seu olho com desprezo, o seu rosto com ameaças, / Eu considero o seu coração, inexpugnável ao amor, / Foi fortificado 'ganhava todo o meu sexo de igual modo." (Cena 5). Ela fica então muito zangada com Oenone, a quem censura por a ter aconselhado mal ao sugerir que acusasse Hipólito.

LEI V

Aricia pede a Hipólito que diga ao seu pai a verdade sobre os sentimentos de Phaedra por ele, mas ele recusa-se: "Como devo aventurar-me, revelando tudo, / Fazer com que a testa de um pai fique vermelha de vergonha?" (Cena 1). Ele pede-lhe que saia com ele, mas como eles não são casados, ela teme que a sua honra seja manchada. Ele oferece-se então para casar com ela. Ela aceita.

Aricia diz a Theseus que tinha acusado injustamente o seu filho, mas não lhe diz a verdade sobre Phaedra. Theseus tem dúvidas. É-lhe dito que Oenone cometeu suicídio e que Phaedra também quer morrer. Ele compreende que pode ter-se enganado: "Não te apresses a dar / A tua recompensa fatal, Neptuno; deixa que as minhas orações / Pelo contrário, permaneçam sempre inauditas. Demasiado cedo / Levantei mãos cruéis, acreditando nos lábios / Isso pode ter mentido!" (Cena 5).

Theramenes chega para anunciar a morte de Hipólito a Theseus. Hipólito foi morto por um monstro do mar. Phaedra, que consumiu veneno, vem confessar a verdade a Theseus antes de dar o seu último suspiro. Ela morre.

ESTUDO DE CARÁCTER

PHAEDRA

Phaedra é a filha de Minos e Pasiphae, que é conhecida por ter dado à luz o Minotauro, um monstro meio homem, meio touro. De facto, Minos ofendeu Poseidon, o Deus grego dos mares, e para se vingar, este último fez com que Pasiphae se apaixonasse por um touro. A família de Phaedra é assim marcada por um destino cruel e trágico.

Ela é a esposa de Theseus, Rei de Atenas, mas apaixonou-se pelo seu filho, Hipólito. Devido a esta transgressão, ela desencadeia um processo trágico que só pode terminar em morte. A esta primeira transgressão, ela acrescenta uma segunda, pois culpa Hipólito para se salvar dos seus próprios defeitos, causando assim a sua morte. Neste círculo vicioso, uma falha dá origem a outra.

A peça tem o seu nome e ela é a personagem central. Cruel aos olhos de Hipólito, a sua atitude esconde o seu profundo amor pelo jovem. Ela é uma mulher cujos sentimentos são exacerbados, ela é governada pelas suas paixões: tem um amor culpado pelo filho do seu marido, mas também desencadeia a sua ira sobre o seu confidente, Oenone, causando consequentemente o seu suicídio. Finalmente, ela tem inveja de Aricia e do amor de Hipólito por ela.

Desde o início da peça, o seu estado físico é um eco do seu sofrimento moral e toda a peça pode ser vista como o progresso da sua agonia, até à sua morte por veneno. Ela murcha, devorada pelo seu segredo e pela sua culpa – uma culpa causada primeiro pelo seu amor, depois pelo mal que ela traz. "E'en nos meus braços uma doença secreta / mata-a", diz Oenone na segunda cena. Também quando ela chega ao palco, pinta um retrato patético de si mesma: "Ah, como estes véus de cumbrous gauds, / Estes véus oprimem-me! Que mão oficiosa / Atou estes nós, e recolheu a minha testa / Estas bobinas de agrupamento? Como todos conspiram para acrescentar / À minha angústia!" (Ato I, Cena 3). Incapaz de suportar a situação, ela finalmente confessa a verdade antes de pôr um fim à sua vida na cena final.

HIPÓLITO E ARICIA

Hipólito é filho de Theseus. As suas qualidades são elogiadas por todas as personagens. Ele é um homem honrado. A sua coragem é realçada várias vezes, nomeadamente por Theramenes, que no seu relato da sua morte o descreve como um guerreiro heroico. De facto, ele não hesita em enfrentar o monstro quando todos à sua volta fogem do perigo: "Todos voam, esquecidos da coragem / Que não pode ajudar, e num templo vizinho / Refugiar-se – tudo exceto Hipólito ousado". / Um filho digno de herói, ele permanece os seus corcéis, / Apreende os seus dardos" (Ato 5, Cena 6).

Prefere ser acusado injustamente em vez de causar ao seu pai a dor de ouvir a paixão incestuosa da sua mulher. Tal como Aricia, ele representa a virtude. Assim, a jovem mulher concorda em fugir com Hipólito, como ele sugere, mas apenas na condição de que sejam casados. Em comparação com as personagens de Phaedra, Oenone e Theseus, todos eles culpados de uma forma ou de outra, eles são as vítimas inocentes dos trágicos acontecimentos. Theramenes diz: "Vi o fluxo de toda a humanidade / Corte, e tenho a ousadia de dizer que nenhum / Merecia menos" (Ato V, Cena 6).

OENONE

Oenone é uma personagem importante na peça, uma vez que é a primeira a ouvir a confissão de Phaedra e é ela quem, a seguir, a aconselha. Quando se acredita que Theseus está morto, ela sugere que Phaedra abraça o seu amor e é também ela que aconselha Phaedra a acusar Hipólito quando Theseus regressar. Portanto, é Oenone que empurra Phaedra ainda mais para o crime, transgressão e traição.

No entanto, ela é a confidente de Phaedra e só atua no seu interesse. Ela é particularmente leal. É por isso que, quando Phaedra a rejeita, culpando-a por todos os acontecimentos apesar de partilharem esta responsabilidade, Oenone atira-se ao mar e termina a sua vida: "Oenone, envergonhada e expulsa da sua vista, / Lançou-se nas profundezas do oceano" (Ato V, Cena 5).

THESEUS

Este é o Rei de Atenas, marido de Phaedra e pai de Hipólito, que ele concebeu com Antiope, a Rainha das Amazonas. Ele é a figura de autoridade que representa a lei, tenta desvendar a verdade e pune os culpados.

Acredita-se que esteja morto no início da peça, mas na realidade está vivo. Chega no meio do drama, sem possuir os conhecimentos necessários para o compreender plenamente. Não sabe do amor de Phaedra por Hipólito, nem da paixão deste último por Aricia. Todos os protagonistas lhe mentem ou escondem-lhe a verdade. Portanto, tudo o que ele quer fazer é descobrir a verdade.

Contudo, Theseus, ao depositar a sua confiança em Phaedra e Oenone, está enganado e acredita que o seu filho é culpado de um crime do qual ele é inocente. Na peça, Theseus é consequentemente como Phaedra, tanto um culpado como uma vítima. Ele perdeu o seu filho ao apressar as suas decisões e ao pedir a Neptuno que castigue Hippolytus. No final da peça, ele exclama: "Vinde, vamos, / E com o sangue do meu filho infeliz / Misturai as nossas lágrimas, apertando os seus queridos restos mortais, / Em profundo arrependimento por uma oração detestada" (Ato V, Cena 7).

ANÁLISE

UMA TRAGÉDIA CLÁSSICA

Em *Phaedra,* Racine respeitou escrupulosamente as regras da tragédia clássica. Em primeiro lugar, a tragédia inclui uma unidade de ação: toda a peça está centrada na paixão do personagem epónimo. Cada ato é um passo específico em direção à morte: a confissão da paixão, a confissão pública, a denúncia do amor incestuoso, as consequências deste amor, e, finalmente, a morte como castigo inescapável. Além disso, esta peça realiza-se num dia e num lugar (Troezen, uma cidade do Peloponeso), respeitando assim as regras das unidades de tempo e de lugar.

No entanto, estes constrangimentos servem para proporcionar uma maior eficiência dramática. Por exemplo, pode-se examinar o relato de Theramenes sobre a morte de Hipólito, uma longa tirada e um dos mais belos atos de bravura da peça. Não só a sua natureza de narração permite a manutenção da unidade de lugar e das regras de propriedade que proibiram a representação de uma morte tão violenta no palco (e não esquecendo as dificuldades envolvidas na encenação de tal cena), mas esta forma também reforça este momento através do discurso. Em vez de mostrar, Racine conta. Esta retenção de meios dramáticos produziu o maior número de efeitos. A linguagem glorifica a morte heroica do jovem e o pathos do momento em que Aricia descobriu o corpo do seu amante. Em vez de ter a ação espalhada, a linguagem encurta-a. É também este rigor que faz de Racine o representante ideal da tragédia clássica.

A CONFISSÃO

A construção dramática da peça é baseada no discurso. Além disso, a elegância e a eficácia do verso raciniano realçam ainda mais esta importância da palavra. O amor está no centro da peça, mas todo o desafio é confessá-lo. A peça é um caminho para a confissão e para a descoberta progressiva da verdade:

- Em primeiro lugar, é a confissão de amor que deve ser feita. Hipólito confessa o seu amor por Aricia a Theramenes e Phaedra confessa o seu amor por Hipólito a Oenone. O papel do confidente é essencial. Eles tornam possível a fala, criam um espaço íntimo onde a confissão pode ser feita. Oenone diz "Eu ouço-o. Fala" (Ato I, Cena 3).

- Em segundo lugar, o desafio consiste em tornar pública a confissão. Phaedra confessa o seu amor a Hipólito e diz ao seu pai que ama Aricia.

- Em terceiro lugar, o jogo do discurso centra-se no Theseus, o novo protagonista de uma tragédia que lhe é lentamente revelada. A confissão transforma-se em mentira e a verdade permanece inacessível a Theseus.

- É no final da peça que Theseus aprende a verdade, nomeadamente o amor de Phaedra por Hipólito. Mas já é demasiado tarde, e as mentiras conduziram a uma tragédia irreversível.

Assim, a ação não progride através de ações mas sim através de palavras. Trata-se de contar ou não contar. Vale a pena dizer a verdade com o risco de causar a infelicidade de outra pessoa (para Phaedra: confessar o seu crime; para Hipólito: causar dor ao seu pai) ou é melhor guardar segredos com o risco de ignorância e potenciais grandes infortúnios?

ORDEM E TRANSGRESSÃO

Este representa ordem e é precisamente durante a sua ausência que a tragédia é posta em marcha. Ele representa a ordem dos homens, a ordem política, mas também a ordem dos deuses. De facto, Netuno, o deus romano dos mares (o equivalente de Poseidon), responde aos desejos de Theseus: "Pergunto-te agora. Vingai-te de um pai miserável! / Deixo este traidor à tua ira" (Ato IV, Cena 2).

A ordem é perturbada por uma dupla transgressão. A primeira transgressão é o próprio crime, nomeadamente o amor incestuoso de Phaedra, que é a transgressão final, uma vez que desafia a estrutura primária da sociedade: a família. A segunda transgressão é a mentira: ao tentar restaurar a justiça e a ordem no mundo, Theseus só consegue perturbá-la ainda mais. Como ignora o verdadeiro crime, acusa e pune um inocente, ajudado pelos deuses a fazê-lo. Por conseguinte, isto pode ser considerado fatalismo. A tragédia é insolúvel, sem uma fuga. Este faz o que ele acredita ser bom, mas está enganado. Demasiado rápido a acusar sem provas, ele é, em última análise, como Phaedra, o sujeito do movimento da paixão e tem de pagar o preço.

Racine recebeu uma educação Jansenista. De acordo com os Jansenistas, cada homem ou é ou não é tocado pela graça de Deus, e se não for, as suas ações nunca poderão salvá-lo do seu destino. Esta ideologia influenciou o teatro de Racine, uma vez que ele cria personagens que não podem evitar o seu destino. Neste contexto, a única forma de compensar a transgressão, e restaurar a ordem no mundo, é morrer. É por isso que Phaedra e Oenone cometem suicídio. A morte é o único resultado possível após a desonra final.

PAIXÃO

Ao contrário de Theseus, que representa a ordem, Phaedra encarna a desordem. Ela é uma personagem devorada pelas suas paixões. Dentro dela, o amor e a razão lutam constantemente. Ela não optou por cair vítima de um amor incestuoso, este amor apoderou-se dela de repente. Este é o significado por detrás da sua observação a Oenone: "Eu olhava, alternadamente pálida e corada / Para vê-lo, e a minha alma ficava toda perturbada" (Ato I, Cena 3). A paixão é, etimologicamente, algo a que se submete. De facto, esta é a forma como o amor é representado na tirada de Phaedra: "O meu sangue escorria frio, depois ardia como fogo; / Vénus eu sentia em toda a minha febre emoldurada" (Ato I, Cena 3). Phaedra já não é um sujeito pensante, mas um objeto dominado pela sua paixão. Neste caso, é o corpo que reage, não a alma: o corpo é o lugar da paixão e a alma, o lugar da razão. A razão é assim apagada, esmagada pelo poder da paixão; Phaedra sofre com esta reação do corpo. Isto é o que Racine explica no seu prefácio:

> *De facto, Phaedra não é nem completamente culpado nem totalmente inocente. Ela está empenhada, pelo seu destino e pela raiva dos deuses, numa paixão ilegítima, da qual é a primeira a ficar enojada. Ela tenta tudo o que está ao seu alcance para a superar. Prefere morrer sem o confessar a ninguém, e quando é obrigada a revelá-lo, fá-lo com uma confusão que mostra claramente que o seu crime é um castigo dos deuses, e não o produto da sua própria vontade.*

O amor é incontrolável e, acima de tudo, torna-se obsessivo. Todo o seu ser é submetido ao amor. No entanto, é um amor culpado. O murchamento físico de Phaedra ecoa a sua psicologia: obcecada por este amor proibido, ela torna-se uma sombra do seu antigo eu.

Embora ela se devesse controlar, deixou escapar a terrível confissão, não só uma, mas duas vezes, como se o peso do segredo fosse tão pesado que ela não conseguia suportar. Ao fazê-lo, ela sela o seu próprio destino terrível, pois sabe que o seu amor não pode ser retribuído. Ao ceder à sua paixão, contra toda a razão, os seus sentimentos são libertados, do ciúme à raiva, com uma cólera destruidora.

REFLEXÃO ADICIONAL

ALGUMAS PERGUNTAS A PENSAR...

- Como é Phaedra retratado por Hipólito no início da peça? Como é que ela aparece quando chega ao palco pela primeira vez?

- A peça é uma série de confissões. Liste-as e mostre como se desenvolve o enredo.

- Como é que Hipólito e Aricia representam a virtude na peça?

- Qual é o papel de Theramenes e Oenone no enredo?

- Como é Phaedra uma heroína trágica?

- Como é Hipólito retratado por Theramenes quando ele relata as circunstâncias da sua morte?

- Que personagens representam a fatalidade na peça?

- A peça apresenta dois lados do amor. Quais são eles? Quais são as personagens que os encarnam?

- Na sua opinião, porque foi *Phaedra* tão bem-sucedido quando foi executado pela primeira vez e porque é que ainda é bem-sucedido hoje em dia?

LEITURA ADICIONAL

EDIÇÃO DE REFERÊNCIA

Racine, J-B. (2008) *Phaedra.* [Online]. Trans. Boswell, R.B. [Acesso em 27 de setembro de 2016]. Disponível a partir de: < http://www.gutenberg.org/files/1977/1977-h/1977-h.htm>

Queremos ouvir você!
Deixe um comentário sobre a sua biblioteca online
e compartilhe os seus livros favoritos nas redes sociais!

www.50minutes.com

Mestre ISBN: 9782808691536
Papel ISBN: 9782808612937
Depósito legal: D/2023/12603/1573

Capa: © Primento

Desenho digital: Primento, o parceiro digital dos editores.